Vivencias en Verso

Juan Moisés de la Serna

Editorial Tektime

2019

PRÓLOGO

Todo lo que se comienza

un día tiene un final

estos versos que aquí tienes

siguen esa realidad.

Cuánto tiempo entre los dedos

mientras ellos se escribían

pensamientos verdaderos

que poco a poco salían.

Momentos aquí pasados

que quizás te gustarán

de lo que he compartido

que un día leerás.

AMOR

Dedicado a mis padres

Contenido

1. LLEGA EL AÑO NUEVO

Ya llega un año nuevo
el viejo se terminó
la vida pasa deprisa
no se detiene el reloj.

Cuánto tiempo ha pasado
desde el día en que nací
cuántos días he vivido
hasta la cuenta perdí.

Pero lo que sí recuerdo
es que hace poco jugaba
no tenía compromisos
ni preocuparme de nada.

Y casi sin darme cuenta
toda mi vida cambió
el trabajo, la familia
mi día a día se llenó.

Pero el tiempo no se para
mis pequeñines crecieron
y como es natural
volaron todos, se fueron.

Los días siguen pasando
en uno me jubilé
horas vacías quedaron
sin saber ni para qué.

Pero sigue y sigue andando
ese reloj no se para
y como si fuera un año
el mañana, ¿qué me depara?

"Año nuevo vida nueva"
dice el dicho popular
pero ¿y a mí qué me espera?
casi, casi terminar.

Pero como bien ha dicho
el que el dicho inventó
sé que después de esta vida
otra mejor tengo yo.

Porque esta es solo un paso
para otra venidera
donde seguro estaré
después de mi larga espera.

Una vida sin dolores
sin reuma en las piernas
sin enfados, sin rencores
y sin que nada se pierda.

La memoria no importa
no tendré que recordar
ni nombres ya olvidados
ni facturas por pagar.

Otra vida nos espera
donde se vive mejor
esa es la verdadera
solo es esta un escalón.

Esta vida son dos días
la otra viene detrás
es esa que esperamos
para poder disfrutar.

Aunque es desconocida
seguro que es mejor
esa es definitiva
no como la anterior.

En esta donde hoy moramos
en que hay pena y dolor
solo de paso estamos
para la otra mejor.

Dudamos de su existencia
pero es fácil pensar
para qué estamos aquí
no puede ser el final.

El año nuevo ya llega
entremos con ilusión
en esa nueva etapa
donde estaremos mejor.

AMOR

2. EL TIEMPO

Con el tiempo no se juega
el asunto es muy serio
pero se puede cambiar
si lo manda el ministerio.

Va llegando el invierno
dicen que hay que mudar
una hora del reloj
tenemos que retrasar.

Algo nos han explicado
de por qué hay que hacerlo
pero lo hemos cambiado
algunos sin comprenderlo.

Pero eso no es todo
otra vez hay que cambiar
cuando llegue el verano
la habrá que adelantar.

¿Por qué juegan con el tiempo?
¿acaso no les da igual
la hora que el reloj diga?
pues el sol no va a cambiar.

La luz que viene a diario
poco a poco se ira
digan lo que digan ellos
el sol no se cambiará.

El tiempo es cosa seria
lo mismo a él le dará
que pongamos una hora
adelante o para atrás.

El sol sale y se marcha
ese no se detendrá
y lo que el reloj marque
a él no le importará.

El tiempo, cosa curiosa
pues no siempre es igual
a veces va despacito
otras volando se va.

Lo que sí que siempre pasa
es que ya no volverá
el tiempo que ha pasado
ese se quedó atrás.

Mejor es aprovecharle
no le dejes escapar
vive intensamente el día
el mañana ya vendrá.

AMOR

3. EL CUADERNO

Un cuaderno me he comprado
muchas rallas hay en él
blanco está por todos lados
pero mucho anotaré.

Apuntando día a día
seguro lo llenaré
lo que ahora está vacío
con notas rellenaré.

¿Qué pondré? aun no lo sé
pero seguro que algo
que me pase ese día
y me acuerde de anotarlo.

Luego cuando esté lleno
así podré recordar
lo que me pasó aquel día
y no se me va a olvidar.

Lo guardaré con cuidado
no se me vaya a perder
y cuando pase el tiempo
lo volveré a leer.

Dicen que es más moderno
otros métodos usar
que lo del viejo cuaderno
está muy antiguo ya.

El ordenador es hoy
el sistema más usado
para guardar los recuerdos
que día a día han pasado.

Pero yo pienso una cosa
de esa modernidad
¿y si se marcha la luz?
¿cómo se va a trabajar?

O si das a una tecla
por pura equivocación
seguro que algo se pierde
y ya no hay solución.

El archivo se ha borrado
lo que había se perdió
era aquello del pasado
así desapareció.

Por eso yo pongo en duda
que eso sea mejor
aunque sea muy moderno
sin quererlo se perdió.

Sin embargo, en el cuaderno
aun escrito está
aquello que poco a poco
día a día se pondrá.

Guardado en un cajón
aunque parezca olvidado
se conserva muchos años
lo que hay allí anotado.

Y cuando pase el tiempo
un día se sacará
y tranquilo sentadito
aquello se leerá.

Son las notas de otros tiempos
los hechos de un pasado
escritas en el cuaderno
que el tiempo ha conservado.

Ese cuaderno ahora en blanco
un día lleno estará
y en un rincón olvidado
lo anotado guardará.

Y ya un día lejano
cuando tú lo quieras ver
él viejito y arrugado
aun se dejará leer.

Por lo que a mí me parece
que el cuaderno es mejor
para anotar las cosas
que cualquier ordenador.

AMOR

4. 31 de DICIEMBRE

En diciembre ya estamos
el invierno ha llegado
a pasar frío vamos
pues todo está nevado.

Los campos se han cubierto
de nieve por todos lados
las calles están desiertas
la gente se ha refugiado.

Ya no hay niños en las plazas
ya no se escucha reír
silencio por todas partes
solo frío hay por allí.

Con ese hielo en el suelo
no se puede caminar
o con cuidado hacerlo
pues te puedes resbalar.

La nieve que ha caído
el paisaje ha cambiado
los campos estaban secos
la nieve los ha mojado.

Quizás así la cosecha
aún se pueda salvar
pues la sequía que había
no se podía aguantar.

Ni agua para beber
algunos pueblos tenían
pues no quería llover
o al menos lo parecía.

Y cuando alguna vez
del cielo agua caía
eran trompas muy dañinas
que todo lo destruían.

Inundaban los sembrados
arrasaban las cosechas
y las casas de los lados
una pena, están hechas.

Agua entraba por doquier
sin poderlo remediar
y los enseres queridos
los tenían que tirar.

Pero ahora con la nieve
nada de eso ha pasado
aunque mucha ha caído
y todo el campo ha tapado.

Esperemos que no dure
tampoco nos va a gustar
el frío es muy intenso
y no se puede aguantar.

No nos gusta ni el frío
ni en verano el calor
somos unos delicados
y cada vez es peor.

Estamos acostumbrados
queremos comodidades
el tiempo nos ha cambiado
en los pueblos y ciudades.

No nos gusta trabajar
cómodos nos hemos vuelto
y el tiempo al cambiar
nos fastidia eso es cierto.

Se nos inundan las casas
no podemos descansar
y tampoco es agradable
aguantar la tempestad.

Hasta el frío del invierno
nos viene a incomodar
pues no nos deja salir
a la calle a pasear.

Diciembre ya está aquí
el frío nos ha llegado
pero pasará volando
sin habernos enterado.

Y casi sin darnos cuenta
el sol estará llegando
secando todos los campos
y quizás achicharrando.

Ni el frío ni el calor
aguantamos últimamente
pues el clima ha cambiado
y hasta eso es diferente.

Los inviernos son más fríos
todos lo hemos notado
y los veranos también
el calor se ha elevado.

Por eso es muy difícil
aguantarse y soportar
este clima tan cambiante
que azota a la humanidad.

AMOR

5. FIESTA

Hoy es fiesta, unos dicen
y podemos celebrar
que es el día de la Virgen
y no hay que trabajar.

Antiguamente se hacía
en las fiestas se paraba
descansaba el personal
y ninguno trabajaba.

Pero todo ha cambiado
hoy ya nada es igual
las fiestas no se respetan
todos van a trabajar.

Aunque algunos no quieren
y ya lo están proponiendo
que los domingos se pare
muchos lo aceptan corriendo.

No importa en qué pienses
nadie te va a preguntar
la fiesta te la imponen
lo mismo que el trabajar.

La fiesta es necesaria
porque hay que descansar
de ese trabajo diario
del que agotado estas.

Al menos por unas horas
todos tenemos que estar
sin grandes preocupaciones
que nos da el trabajar.

La fiesta es bienvenida
vamos ya a disfrutar
del campo o de esa playa
donde poder respirar.

Fuera de los edificios
que nos tienen atrapados
horas pasamos metidos
como algunos ganados.

El trabajo siempre es bueno
no se puede evitar
pero de cuando en cuando
también gusta descansar.

Hoy es fiesta disfrutemos
que mañana pasará
y al trabajo de nuevo
todo el mundo se irá.

La fiesta, es una fiesta
casi es desconocido
lo que podemos hacer
sin ser así oprimido.

Por horarios de trabajo
donde hay que madrugar
con jefes que nos ordenan
—¡Silencio, a trabajar!

Hoy es fiesta disfrutemos
un poco de libertad
sin nada que hacer un rato
solamente descansar.

Porque pasado el día
sino le has disfrutado
quizás piense enseguida
qué pronto se te ha pasado.

Son esos días de fiesta
en que puedes disfrutar
de la familia un rato
pues no hay que trabajar.

Jugar con niños,si tienes
o salir a pasear
descansar porque es fiesta
y el día se va a acabar.

AMOR

6. ¿DÓNDE ESTÁ?

Volando se pasó el año
el último día llegó
sin darme cuenta siquiera
parece que no existió.

Ni recuerdos ya me quedan
del tiempo que transcurrió
quizás fueron días felices
tal vez los que tuve yo.

¿Dónde está el tiempo?, no sé
rápido se me ha marchado
como el agua en la mano
ya no está, se ha escapado.

O ese charco del suelo
que la lluvia ha formado
ese sol que le da fuerte
enseguida lo ha secado.

Así se pasó el tiempo
día a día sin parar
se ha pasado corriendo
sin poderlo remediar.

Son recuerdos de un pasado
que pronto se olvidarán
esos días disfrutados
que ya nunca volverán.

Quizás he hecho viajes
o en casa habré estado
el olvido ya llegó
no recuerdo el pasado.

La vida va muy deprisa
nunca se va a parar
aunque quieras detenerla
te tendrás que aguantar.

Porque una cosa es eso
vivirla con ilusión
pero después recordarlo
eso cuesta un montón.

¿Qué hice en el mes de enero?
Imposible, se marchó
ni en febrero, ni en marzo
todo eso se borró.

Quizás recuerde el agosto
en que mejor lo pasé
en la playa con el sol
¿o eso no fue ese mes?

Sí, quizás en primavera
alguna vuelta me di
y seguro que la lluvia
me mojó ¿o no fue así?

Claro, de algo estoy seguro
que en invierno frío hacía
y quizás sobre la nieve
algunos pasos daría.

Son recuerdos imprecisos
que también olvidaré
la memoria es un problema
que tendría que resolver.

Ya el coche no lo cojo
no me sé ya orientar
la derecha o la izquierda
ahora ya me da igual.

¿Qué ha pasado con mi vida?
antes no era así
los recuerdos se han ido
no sé ni lo que viví.

La memoria, mi memoria
¿dónde estás?, ¿por qué te has ido?
con la falta que me haces
para saber qué he vivido.

Si fui al río o la montaña
si comí o he dormido
sin recuerdos nada sé
como el año se han ido.

31 de diciembre
qué rápido has llegado
cómo se pasa la vida
casi la he acabado.

¿Fui feliz? pues no lo sé
¿qué hice?, no lo recuerdo
solo que estoy aquí
eso aun sí puedo verlo.

Debí de tener cultura
pues escribir aun puedo
¿pero cómo la adquirí?
se me fue, ya no me acuerdo.

Quizás tuve una familia
alguien que me acompañó
ahora aquí estoy solo
todo ya se me olvidó.

Fotografías hay muchas
por las paredes colgadas
no recuerdo quiénes son
sus sonrisas reflejadas.

La memoria se me ha ido
no sé dónde, ni por qué
qué hice mal, ni qué comí
quizás por eso se fue.

Como el año que termina
casi yo he terminado
porque ahora sin memoria
sin recuerdos del pasado.

Cómo podré subsistir
ya no puedo pasear
es imposible salir
pues temo no regresar.

¿Dónde voy? ¿a qué he venido?
difícil de contestar
cuando no tienes memoria
la vida llega al final.

Quizás sigas mucho tiempo
o quizás un día más
pero así no lo disfrutas
porque se te va a olvidar.

Pero ahora aún es tiempo
de vivir y disfrutar
de todos los que te quieren
y que a tu lado están.

Que llegará un mañana
eso a ti te da igual
el año nuevo comienza
es solo un día más.

Espera con alegría
lo que la vida te da
con recuerdos o sin ellos
haz feliz a los demás.

Quizás un día lo olvides
eso no importará
tú muéstrales tu cariño
ellos no lo olvidarán.

"Año nuevo vida nueva"
siempre dijo el refrán
con tu nueva condición
en ti si se cumplirá.

Apunta en un cuaderno
que siempre a mano tendrás
aquello que más te importe
y no quieras olvidar.

Pon delante de la tele
esa que a diario miras
el cuaderno a la vista
y así no lo olvidas.

Pon tú nombre y dirección
lo que quieras recordar
quizás aún falte mucho
en que ni leer podrás.

Trata de no estar solo
de hablar con los demás
la soledad no es buena
no te puede ayudar.

Y si esto estás leyendo
y algo te ha ayudado
sonríe tú al pensar
que aún no te ha llegado.

Pero a alguien conocido
quizás hayas detectado
problemas con la memoria
y encima le has regañado.

Piensa en cómo te sientes
cuando algo has perdido
las gafas o un pendiente
y luego ha aparecido.

Pero él está perdiendo
algo que no volverá
los recuerdos de una vida
y no los recuperará.

Comprende su situación
y trátale de ayudar
muéstrale todo tu AMOR
quizás lo recordará.

Es la vida, no hay remedio
no se puede evitar
no se para, va avanzando
como el año que se va.

La memoria día a día
debemos de cultivar
así y si es posible
durará un poquito más.

Porque cuando la tenemos
no sabemos apreciar
eso que un día cercano
podremos necesitar.

Para podernos mover
para podernos vestir
y hasta para comer
y quizás hasta sonreír.

Qué difícil es vivir
sin nada que recordar
si ayer fui feliz
o dónde puedo estar.

La memoria como el año
poco a poco se ha marchado
disfruta siempre que puedas
de lo que te ha quedado.

AMOR

7. EL BARCO VARADO DE MALTA

Una noche de tormenta
en aquel sitio había habido
rayos, truenos, por doquier
todos los habían sentido.

Amaneció lentamente
aunque el cielo no aclaró
todo estaba cubierto
luego la lluvia cayó.

Pero el acantilado
como siempre no estaba
un barco había varado
la corriente lo dejaba.

Seguro que las fuertes olas
del mar le habían sacado
y allí entre las piedras
todos lo han encontrado.

Tiene una vía de agua
y no podrá navegar
hasta que no se la arreglen
y de nuevo suba el mar.

Porque tumbado de lado
allí se le puede ver
está en el acantilado
y no se podrá mover.

¿Cómo el mar lo habrá hecho?
es difícil de pensar
pero lo que sí es seguro
que lo puedes fotografiar.

Luego decirle a un amigo
que un barco allí estaba
y por si no te lo cree
la foto tú le mostrabas.

Pintores han acudido
así han inmortalizado
el barco que hay allí
ese que el mar ha arrastrado.

Medio tumbado se encuentra
quizás para descansar
del azote que ha sufrido
luchando por aguantar.

Porque un barco así
nunca se va a despistar
y salirse a las rocas
si no lo arrastra el mar.

Y los tristes marineros
han tenido que arrastras
las grandes anclas por tierra
así le van a fijar.

No sea que la tormenta
venga de nuevo a por él
y como ligera pluma
la ola vuelva a mover.

Ese gran barco de carga
que ahí ha encallado
posiblemente a su fin
el pobre haya llegado.

Las huellas de muchos golpes
en la quilla se le ven
posiblemente remedio
no le puedan ni poner.

Pero lo van a intentar
y soldarán lo que puedan
y cuando este arreglado
esperarán la marea.

Muy alta tiene que ser
para poder liberar
el barco que esta encallado
y que vuelva a navegar.

Pero mientras eso pasa
sirve como distracción
muchos van desde su casa
a mirar con atención.

¿Cómo habrá podido el mar
arrastrarle hasta aquí?
se preguntan sin cesar
mirando el barco allí.

Esa agua ahora tranquila
que suave llega al lugar
que acaricia el barco
ese que tumbado esta.

Pero qué distinta era
cuando con furia atacaba
el barco cual pluma ligera
y de las aguas le echaba.

Allí en el acantilado
fuera ahora del mar
esta el barco varado
si quieres ir a mirar.

Con tristeza está mirando
el agua por donde estaba
navegando por su ruta
la que seguro llevaba.

Cuántas veces recorrida
la cuenta habrá olvidado
pero seguro no olvida
que el mar le ha echado.

Azotando fuertemente
sin tregua ni miramiento
una noche de tormenta
cuando hacía mucho viento.

Un barco a la deriva
en las rocas encalló
en Malta le puedes ver
como lo he visto yo.

AMOR

8. LA CASA DEL SOL

El lugar donde te encuentras
es un sitio especial
aún se escuchan risas
de los que pasaron ya.

Felices ellos vivían
eso es gracias al lugar
aquí hay una energía
que es muy fácil de captar.

Sale de esa montaña
que está cerca del lugar
esa que es tan querida
esa es muy especial.

Energía que vosotros
sabéis muy bien apreciar
por eso estáis aquí
en este lindo lugar.

Donde vivís tan felices
absorbiendo sin cesar
esa energía que hay
impregnando vuestro hogar.

Cansados y deprimidos
un día os acercasteis
a este lugar querido
y ya nunca os marchasteis.

Los problemas se os fueron
no sabíais qué pasaba
pero algo notasteis
y por eso os gustaba.

Los pequeños han crecido
sanos fuertes se les ve
ni males ya han tenido
ni cansados, ni estrés.

Es que somos de energía
eso seguro sabéis
y este lugar preciso
de esa mucha tenéis.

La casa donde vivís
es un sitio especial
la energía la rodea
se puede aquí palpar.

Esa energía de vida
que ayuda a estar bien
esa montaña querida
os la da ella también.

AMOR

9. SABADO SOLEADO

Amaneciendo estaba
soleado se veía
la persiana levantada
qué bonito día hacía.

Seguro que me apetece
salir hoy a pasear
pues con este solecito
agradable se va a estar.

Un sábado soleado
hace tiempo que no hacía
desde que llegó el frío
casi el sol no se veía.

Pero hoy será distinto
al campo me marcharé
y quizás una tortilla
en el suelo comeré.

Porque un día soleado
siempre hay que disfrutar
para salir de las casas
y un poco pasear.

Quizás a la playa cercana
me acerque a visitar
a mirar cómo las olas
vienen la arena a besar.

Puede que a ti la montaña
te guste más visitar
lo importante es salir
un poquito a respirar.

Un sábado soleado
tenemos que disfrutar
pues quizás en mucho tiempo
no tengamos otro igual.

En este tiempo que estamos
con el frío no se puede
salir, aunque lo queramos
pues en el suelo hay nieve.

Y así de esa manera
¿quién se atreve a salir?
lo mejor es en casita
viendo todo desde allí.

Mirando tras los cristales
como el día acabará
y sin poder ni salir
uno y otro pasará.

Pero hoy es diferente
un sábado soleado
verás que toda la gente
de su casa se ha marchado.

Pasearán por el parque
o a la montaña irán
lo importante es salir
a fuera a respirar.

Ves a la playa si quieres
un poco a corretear
mañana quizás no puedas
porque se ponga a nevar.

Y te de rabia pensar
que no has aprovechado
el día que hacía ayer
un sábado soleado.

Hay que vivir el momento
atrapar ese instante
donde poder ser feliz
y seguir para adelante.

En invierno hay pocos
en que poder disfrutar
de un sábado así
con sol para pasear.

Ese sol que se agradece
que te invita a soñar
con la suave primavera
que prontito va a llegar.

AMOR

10. LA ESPERA

Dicen que cuando se espera
te puedes desesperar
el tiempo pasa despacio
nunca parece llegar.

El tiempo es relativo
algo de eso han contado
cuando se está esperando
parece que se ha parado.

Nos hacemos esperar
cuando vamos a nacer
nuestros padres desesperan
porque ya nos quieren ver.

Les producimos también
una desesperación
cuando la fiebre no baja
pasean por la habitación.

Esperando siempre están
que nos hagamos mayores
para que no demos lata
ni pataleos, ni llores.

Un día sin esperarlo
de la familia partimos
y se quedan esperando
preguntan por qué nos fuimos.

La espera en la vida
siempre nos ha perseguido
si queremos autobús
espera que no ha venido.

En la sala del dentista
no nos gusta esperar
la muela sigue doliendo
quisiéramos acabar.

Ni en la cola del cine
esperamos con paciencia
ya nos gustaría entrar
como si hubiera una urgencia.

La espera en esta vida
no se puede evitar
vayamos donde vayamos
siempre hay que esperar.

Esperamos ser mayores
para por fin disfrutar
que ya que hemos llegado
nos dejaran de mandar.

Luego cuando llega eso
algún jefe nos dirá
¡Haga esto o lo otro!
y también nos mandará.

Que pase el tiempo esperamos
en que la jubilación
nos deje estar tranquilo
sin ese jefe mandón.

Llegó por que todo llega
ese día esperado
en que nadie ya te manda
porque solo te has quedado.

Y esperas lo inevitable
lo que pronto llegará
aquello que no nos gusta
eso no lo esperarás.

Toda la vida esperando
como todos pasarás
un día después de otro
algo tú esperarás.

Acostúmbrate a la espera
no te desesperarás
y más fácil con paciencia
esa espera te será.

AMOR

11. LA PACIENCIA

¿Qué es la paciencia? pregunto
quizás sepas responder
pero pensándolo un poco
algo tengo que poner.

Esperamos impacientes
y nerviosos nos ponemos
cuando no llega a nosotros
aquello, lo que queremos.

Unos minutos pasaron
el reloj nos ha indicado
es la hora de la cita
y aún no has llegado.

Impacientes nos ponemos
a la hora de comer
cuando el plato no llega
lo pedimos otra vez.

Qué poca paciencia hay
en la fila esperando
¿cuándo saldrá el avión?
la gente está protestando.

¿Y cuándo va a nacer?
el niño se ha retrasado
que impaciente se está
¿Alguno lo ha notado?

La paciencia es, "no sé"
eso se suele decir
pero cuando no se tiene
seguro nos hace sentir.

Impacientes por doquier
se ven por todos los lados
o deprisa caminando
o allí nerviosos parados.

Con el semáforo en rojo
dicen que no hay que pasar
pero alguno impaciente
no se puede aguantar.

El niño en el recreo
ansioso se ha colado
en esa fila corriendo
el profe no lo ha notado.

Paciencia hay que tener
para andar por esta vida
viviremos más felices
siendo gente más tranquila.

AMOR

12. FILOSOFEANDO

¿Qué hicieron ellos tan bien
que aún se les recuerda?
solo pensar y ya ves
obtuvieron sus respuestas.

Un día gente normal
se pusieron a pensar
buscaban algo especial
lo querían encontrar.

Grandes pensadores dicen
por eso son recordados
encontraron soluciones
que hasta hoy nos han llegado.

¿Por qué pensaron aquellos?
¿sabemos cómo lo hacían?
quizás no sea difícil
y así se entretenían.

Hoy no nos gusta pensar
así pasamos la vida
corriendo de un lado a otro
buscando solo salida.

Parémonos un momento
sentémonos un instante
y miremos un segundo
lo que tenemos delante.

Si seguimos como siempre
sin ni siquiera fijarnos
qué pasa a nuestro lado
y así no implicarnos.

Nos perdemos media vida
no sabemos apreciar
la belleza del entorno
sin pararnos a mirar.

Esas flores que han salido
que ayer ahí no estaban
miremos su colorido
y quién así las pintaba.

Esas nubes que de paso
por el cielo despacito
van dibujando figuras
admíralas un ratito.

Trasportan a otro lado
agua, esa es su función
¿pero quién se la ha dado?
¿y cómo ahí llegó?

Preguntas y más preguntas
se te pueden ocurrir
si te paras un instante
luego ya te puedes ir.

Eso es lo que pasaba
con aquellos que admiras
filósofos los llamaban
porque pensando vivían.

Encontraban mil respuestas
claro que las encontraban
pues su vida preguntando
seguro que se pasaban.

Prueba tú solo un momento
observa con atención
en eso que ves ahora
y busca la explicación.

Quizás te has sorprendido
pues eso no te esperabas
tienes una respuesta
a eso que preguntabas.

Pero será tu respuesta
la que te aclarará
la duda que tú tenías
y eso te gustará.

No dejes que siempre otro
te aclare la cuestión
su respuesta es solo eso
la que él un día encontró.

Pensar es bueno a veces
pero tranquilo has de estar
la solución aparece
si has decidido pensar.

Así se sale de dudas
no hay manipulación
si tú buscas las respuestas
allí solo en tu rincón.

Donde te encuentres a gusto
ponte un rato a pensar
en eso que te inquieta
y quizás ya lo verás.

Que la respuesta te viene
como una inspiración
pero no sabes qué pasa
estas solo en tú rincón.

Es que lo has decidido
y te has puesto a pensar
la solución ha venido
aunque te pueda extrañar.

Nos puede pasar a todos
solo hay que confiar
y tener también paciencia
pues algo hay que esperar.

Un segundo, un minuto
o quizás un poco más
pero es una experiencia
que te podría gustar.

AMOR

13. LLEGA LA LLUVIA

El verano ha pasado
el calor se terminó
la lluvia ya ha llegado
hasta el tiempo refrescó.

Negras nubes por doquier
se estaban acercando
han empezado a caer
ya todo lo están mojando.

El agua tan necesaria
a todos les viene bien
las personas y los campos
necesitaban beber.

El caluroso verano
ya todo había secado
ni agua en los pantanos
había por ningún lado.

Con un otoño lluvioso
todo se arreglará
hasta la sed de la tierra
el agua la calmará.

"Llega la lluvia" se escucha
como una linda canción
se oye de unos a otros
y se alegra el corazón.

Agüita que estas cayendo
refrescando el ambiente
que seas hoy bienvenida
te dirá toda la gente.

Impacientes la esperaban
parece que no venía
todo el campo se secaba
ni para beber había.

Pero ahora ha llegado
fuerte está lloviendo ya
mucho cae por todos lados
y todo lo va a inundar.

La alegría de la gente
porque el agua ha llegado
se vuelve pena y dolor
cuando todo lo ha inundado.

"Agua deja de caer"
ahora solo se escucha
la gente está pidiendo
pues la inundación es mucha.

AMOR

14. EL TIEMPO QUE NOS ESPERA

La vida pasa deprisa
no deja de avanzar
antes que nos enteremos
el mañana va a llegar.

Todo vendrá trastocado
el viento arreciará
y aunque no lo esperemos
fuerte lluvia nos caerá.

"Cambiado", "está cambiando"
a todos se escuchará
porque poco a poco el tiempo
ha cambiado de verdad.

Los huracanes a diario
azotan todo al pasar
no dejan nada de pie
la ciudad, van a arrasar.

Y las torrenciales lluvias
inundarán los lugares
donde antes habitaban
gentes allí a millares.

El tiempo está cambiando
nadie lo puede parar
dicen que eso produce
en las gentes malestar.

Habrá más enfermedades
que nadie se esperará
porque también nuestro cuerpo
ese cambio notará.

Días de calor extremo
que no se puede dormir
van minando la salud
y no se puede huir.

Sitios seguros no habrá
donde podamos vivir
la Tierra parecerá
un lugar muy hostil.

El futuro es incierto
"Eso no podrá pasar"
nos decimos si pensamos
cómo va la humanidad.

Tenemos tecnología
ahora estamos mejor
la vida es más sencilla
eso al menos creo yo.

Pero pensemos un poco
en lo que ya está pasando
ciudades con adelantos
muchas se están inundando.

Y los fuertes huracanes
que azotan los lugares
porque se van a parar
y no ir a otros lares.

No estamos preparados
no queremos aceptar
que lo que está pasando
ya no se puede parar.

Surgirán por todas partes
problemas incontrolados
no se podrán evitar
ni marchándose a otro lado.

Enfermedades hay muchas
nadie lo puede negar
pero las que se acercan
más peligrosas serán.

Afectarán al cerebro
ahí no hay solución
nadie sabrá el remedio
ni por qué eso pasó.

¿Que produce un huracán?
¿acaso lo han estudiado?
¿y cuál es la solución?
¿así lo han evitado?

Hay cosas que muchas veces
es imposible parar
la enfermedad del cerebro
esta cerca de llegar.

No podremos evitarla
todo lo trastocará
gentes de todo el mundo
pronto se contagiará.

Son energías que vienen
difícil de demostrar
poco a poco enfermaremos
sin poderlo evitar.

Soluciones no hallaremos
aunque se va a estudiar
pues será inaccesible
como parar un huracán.

¿De dónde salen?, ¿lo saben?
¿y lo pueden evitar?
la gente está indefensa
cuando llega el huracán.

Tiempos cercanos cambiantes
nos han tocado vivir
nada será como antes
no nos vale resistir.

El calor es sofocante
fuerte lluvia nos caerá
huracanes y tornados
por toda la Tierra habrá.

Algún que otro volcán
también se despertará
para complicar las cosas
hasta el mar aumentará.

Negro es nuestro futuro
si no se puede evitar
quizás aún nos dé tiempo
para todo eso parar.

Empecemos a cuidar
la Tierra que habitamos
así no se enfadará
y quizás sobrevivamos.

Porque estas líneas solo
han tratado de avisar
si en tus manos han caído
ya sabes qué va a pasar.

AMOR

15. CERCA DEL MAR

Paseando una tarde
a la caída del sol
estaba allí en la playa
cuando algo me pasó.

—Solecito que te marchas
surcando el ancho mar
¿a dónde te vas ahora?
¿no te podrías quedar?

—No —me dijo despacito
y poco a poco avanzaba—.
Tengo que ir a otro sitio—
eso el sol me contestaba.

Miré un poco extrañada
le quería preguntar
que a dónde se marchaba
pero no lo encontré ya.

Había desaparecido
allí en el fondo del mar
en aquella lejanía
que tan rojiza está.

El sol ya no se veía
pero seguro que estaba
pues su reflejo allí
a lo lejos se encontraba.

El color era precioso
nunca antes lo veía
seguro que era él
que así se despedía.

Quizás quería decirme
que mañana le esperara
que allí en esa playa
por la tarde él pasaba.

Y yo que lo entendí
ya nunca más he faltado
a la cita con el sol
que por la playa ha pasado.

Es un lugar muy hermoso
que se puede pasear
a la caída del sol
allí cerquita del mar.

El sol pasa despacito
y se quiere despedir
calentando un poquito
a los que hay por allí.

AMOR

16. LA LLAMARADA SOLAR

Dicen que el Sol ha echado
llamarada sin igual
y que a la Tierra ha llegado
sin poderlo remediar.

De vez en cuando el Sol
suelta una llamarada
si se dirige a la Tierra
dicen que no pasa nada.

Pero eso ¿será cierto?
creo que hay que pensar
si ese magnetismo llega
en algo se ha de notar.

Admiten los entendidos
que algo afecta ya
eso sí han reconocido
ya es una realidad.

Esas ondas que han llegado
han podido comprobar
que aparatos detectaron
y han funcionado mal.

Pero, ¿y el cuerpo humano?
¿también lo habrá notado?
"No", dicen los entendidos
pero algunos lo dudamos.

El cuerpo es una maquina
que tiene sus energías
y si algo le afecta
quizás si lo notarías.

El cerebro es muy listo
no se puede eso dudar
y si algo le molesta
le costará trabajar.

Pero ¿cómo demostrarlo?
quizás preguntas surgieran
y la gente inconformista
la respuesta exigiera.

Miran para otro lado
se dedican a otros temas
los que pueden ayudar
y estudiar este problema.

Porque si ese instrumento
ven que se ha estropeado
cómo sería posible
que el cuerpo no lo haya notado.

Es fácil de demostrarlo
solo hay que querer
y dedicarse a estudiarlo
así se podría saber.

Las llamaradas existen
cada vez irán a más
y los males que producen
los tenemos que estudiar.

Para ponerles remedio
antes de que sea tarde
y a los cuerpos que las padecen
una solución hay que darle.

Porque lo que es seguro
es que algo afectará
eso que viene del Sol
y muy bueno no será.

El Sol parece enfadado
gran llamarada soltó
recorriendo el espacio
hasta la Tierra llegó.

Desconocidos efectos
parece que aún tenemos
la llamarada solar
¿qué nos trae?, no lo sabemos

La salud está en peligro
eso están demostrando
los estudiosos ahora
que ese Sol está llegando.

El magnetismo que llega
¿que nos podrá producir?
enfermedades diversas
parece que eso es así.

El Sol que nos da la vida
poco a poco quitará
la atmósfera que tenemos
por otra la cambiará.

No podemos ignorarlo
ni mirar para otro lado
el sol nos está afectando
pues parece enfadado.

Tenemos que protegernos
aunque parezca mentira
y saber cómo hacerlo
antes de exponer la vida.

AMOR

17. EL TRANVÍA

Gran invento el tranvía
se mueve por la ciudad
así no hay que conducir
es una comodidad.

Por sus railes de hierro
va con gran facilidad
siempre llenito de gente
esa que viene y va.

El tranvía es un invento
que pertenece al pasado
unos siglos, tiene ya
pero aún es muy usado.

Hoy recorre las ciudades
así se cuida el ambiente
aunque un poco ruidoso
lleva a toda la gente.

El tranvía es puntual
y desde siempre ha sido
el transporte ideal
de muchos el preferido.

El pobre, también el rico
lo suelen utilizar
allí no hay clases sociales
todos suben por igual.

Los tranvías tienen magia
seguro que lo has notado
sin que tú les hagas nada
te trasportan a otro lado.

Vas sentado tranquilito
y puedes hasta admirar
el entorno donde pasa
y conocer la ciudad.

Tuvieron tiempos mejores
ciudades los han quitado
pero aún en muchas de ellas
se les ven, los han conservado.

Son vestigios de otros tiempos
que muy útiles han sido
y algunas los conservan
los cuidan, pues son queridos.

Los tranvías van y vienen
nunca parecen parar
y desde que amanece
en él te puedes montar.

Duermen en una estación
allí les suelen limpiar
y antes de que salga el sol
en las vías ya están.

Puntuales como siempre
recorrerán la ciudad
llevando mil pasajeros
o tal vez a muchos más.

Y con gran comodidad
sentado tranquilamente
al trabajo llegarás
como el resto de la gente.

En invierno calentito
allí podrás viajar
y cuando llueve en la calle
no te vas allí a mojar.

Son muchos los beneficios
que el tranvía te dará
no tienes que conducir
ni aparcamiento buscar.

Coge el tranvía a diario
con el bono mensual
y sin siquiera pensarlo
baratito te saldrá.

El tranvía es cosa buena
recorre así la ciudad
cómodamente sentado
o quizás en pie irás.

Pero siempre puntual
te lleva a todos lados
sabes dónde hay que cogerlo
y rápido te ha trasladado.

El tranvía es cosa buena
limpio, cómodo, eficaz
de esa forma sencilla
está limpia la ciudad.

No contamina el ambiente
evita la polución
llevando siempre a la gente
de una a otra estación.

Las paradas del tranvía
llenas se las suele ver
mucha gente siempre espera
para montarse en él.

Cuando vas en el tranvía
no te has de preocupar
si hay coches o semáforos
todo eso te da igual.

Tú vas allí sentadito
sin prestarle atención
al recorrido que hace
a tu parada llegó.

Haga frío o calor
viajar siempre en tranvía
seguro que es lo mejor
úsalo todos los días.

Los nervios te lo agradecen
no tienes que conducir
no te alteras vas tranquilo
solo tienes que subir.

El tranvía gran invento
ayuda a circular
por las calles ni agobio
y siempre es puntual.

Y si coges el tranvía
amigos puedes hacer
porque charlando un rato
puedes ir subido en él.

En tranvía a diario
recorrerás la ciudad
desde el centro al extrarradio
con mucha tranquilidad.

AMOR

18. LLEGÓ LA TECNOLOGÍA

Dicen que antes no había
¿cómo podrían estar
sin tanta tecnología?
difícil de imaginar.

Hoy ya de todo tenemos
poco a poco ha llegado
implantándose con fuerza
al hombre ha suplantado.

Miremos donde miremos
la podemos encontrar
la tecnología avanza
nadie la puede parar.

Con ella siegan los campos
las grandes cosechadoras
lo que cien hombres hacían
lo hace ahora una sola.

Hasta en los hospitales
ella puede operar
sin que nadie la controle
y el apéndice quitar.

Es con la tecnología
que se lleva un avión
ese piloto automático
que alguien allí colocó.

Y el viajero tranquilo
sentado en su asiento va
sin saber que una maquina
su vida transportará.

Pero ahora van más lejos
los de la tecnología
un páncreas, han inventado
para alargar una vida.

Al hombre van suplantando
antes fuera de él lo hacían
las cosas le van cambiando
con esa tecnología.

Pronto cuando nos crucemos
con uno preguntaremos
es humano o una maquina
y quizás no lo sabremos.

Llegó la tecnología
y pronto todo será
según lo manden algunos
y los demás sobran ya.

AMOR

19. ¿HAY FANTASMAS?

En la vida hay ocasiones
que parecen indicar
que alguien nos acompaña
por muy solo que se está.

¿Existirán los fantasmas?
acaso te has preguntado
la respuesta que te das
"nooo", ¿a qué he acertado?

Entonces qué era eso
que te hace despertar
¿quién hay en tú habitación
que a veces crees notar?

Si como dices no existen
¿qué otra cosa puede ser?
se mueve y hace ruido
un fantasma ha de ser.

Los fantasmas no existen
eso dice la razón
pero antes lo sentiste
el ruido le delató.

Con los ojos bien abiertos
miras por todos los lados
ves que allí no hay nadie
si ya lo habías comprobado.

La casa está bien cerrada
levantándote has mirado
cada cosa en su sitio
nada extraño has notado.

Pero como pasó ayer
de nuevo ha sucedido
cuando estabas dormida
has sentido ese ruido.

Pasos parecen que dan
allí en tu habitación
y cosas que se han movido
quizás fuera un cajón.

Con cuidado lo han abierto
lo han vuelto a cerrar
nada ves cuando lo miras
pero muy segura estas.

En silencio ahora todo
has encontrado otra vez
y te dices de este modo
¡fantasma no puede haber!

Esos son razonamientos
que despierta has tenido
pero antes ¿qué pasaba?
¿qué era lo que has oído?

Un ruido, sí era un ruido
no te ha dejado dormir
despierta como otras veces
miras todo por allí.

¡Fantasmas, si no existen!
te vuelves a repetir
pero segura estas
del ruido que oíste allí.

Y si no es un fantasma
¿qué habrá podido ser?
¿qué ha producido el ruido?
te gustaría saber.

Los fantasmas no existen
de eso estas segura
son quimeras, tradiciones
o simplemente locuras

¿Qué es un fantasma? preguntas
nadie sabe responder
cómo podrían saberlo
si no se les puede ver.

AMOR

20. VIAJES, VIAJES, VIAJES

Viajando por el mundo
lugares he conocido
gentes diversas había
pues mucho he recorrido.

Viajar siempre es algo
que se tiene que pensar
pues te desplazas tal vez
sin saber a qué lugar.

Recorriendo esos cielos
vistos desde el avión
cumplirás esos anhelos
que te hacen ilusión.

Pero será con tus ojos
lo que podrás apreciar
mil maravillas en ellos
seguro que tú verás.

Llegarás a los confines
al recóndito rincón
luego lo podrás contar
como estoy haciendo yo.

En un lugar en que nadie
te pueda contradecir
ni preguntarte siquiera
¿por qué tú fuiste allí?

La vida, solo la vida
en aquello me embarcó
y dejándome llevar
muchas cosas, me enseñó.

Allí en el Himalaya
a sus pies te preguntabas
que qué hacías allí
tan cerca del cielo estabas.

Y sin pasar mucho tiempo
volvías a preguntar
¿por qué aquí he venido?
a bañarme a este mar.

"Muerto" le llaman los hombres
porque peces no había
y se flotaba muy bien
de la sal que él tenía.

Y viajando seguías
lo hacías sin parar
el océano cruzabas
hasta América llegar.

Y en Canadá pensabas
que qué hacías allí
nadie te lo contestaba
y te volvías a ir.

En la Pampa Argentina
también pusiste tus pies
preguntando ¿qué hago aquí?
allí estabas otra vez.

Pero no acabó el viaje
ese ha continuado
y aunque te cueste creerlo
a Australia te ha llevado.

Dos veces en ella has puesto
tus pies ya algo cansados
pero parece que allí
el ánimo se ha redoblado.

Y viajando de nuevo
por la Tierra has seguido
a Finlandia o a Polonia
también sé que tú has ido.

Los viajes en la vida
siempre un plan, han seguido
y aunque tú lo preguntas
aun no se ha respondido.

Pero eso no importa
lo importante es viajar
a destinos muy lejanos
y también cruzando el mar.

A los Ángeles tú fuiste
en Santo Domingo paraste
y Portugal o en Italia
también sé que visitaste.

Caminos ya recorridos
difíciles de olvidar
por donde pasé un día
no sé si voy a regresar.

Pero nunca estoy seguro
que tanto había soñado
ir hasta la Tierra Santa
o a Egipto allí al lado.

En Nepal aquella vez
una estúpa visité
su gente allí orando
en silencio admiré.

Surcando el Nilo pensaba
¡Qué bello amanecer!
el sol poquito a poco
empezó a aparecer.

Esos colores que había
nadie los puede pintar
solo allí se encuentran
en aquel lindo lugar.

El silencio que se escucha
en aquel techo del mundo
subido en el Himalaya
llega a lo más profundo.

Hay sensaciones a veces
difíciles de compartir
que cruzando un desierto
quizás tú puedas sentir.

En Australia el Uluru
mágico dicen que es
ya lo notas al llegar
también lo sientes después.

Los aborígenes dicen
que del espacio bajó
esa piedra colorada
que alguien allí colocó.

Son historias, tradiciones
difíciles de comprobar
pero que al que lo cree
quizás le pueda ayudar.

Viajando se conocen
historias desconocidas
gentes de otros lugares
civilizaciones perdidas.

Piedras que hablan de hechos
que ocurrieron allí
de unos tiempos remotos
y de quién las puso así.

Las pirámides de Egipto
nos podrían revelar
la función que ellas tuvieron
si se las dejara hablar.

También hay otros lugares
difíciles de encontrar
en grandes cuevas metidos
que nos podrían contar.

Como cuando en esta Tierra
aun nada existía
por lugares parecidos
otros seres se movían.

Estalactitas contienen
secretos desconocidos
de hechos que en la Tierra
muy antiguo han sucedido.

Civilizaciones grandes
que el tiempo ha borrado
y secretos de su avance
que aún no se han encontrado.

Porque la Tierra que hoy
mirándola podemos ver
es diferente, más joven
de cómo lo era ayer.

Cataclismos sucedieron
que todo lo arrasaron
y las gentes que había
a mejor vida pasaron.

La Tierra no es la misma
este aire no había
otra mezcla muy distinta
la atmósfera tenía.

Muy distinto todo era
imposible comparar
ni agua tenía siquiera
no existía ni el mar.

Hechos que han sucedido
que solo puedes saber
escuchando narraciones
de los lugares que ves.

AMOR

21. El POETA

Era por la primavera
en un banco estoy sentado
entretenido mirando
allí por todos los lados.

De pronto alguien pregunta
–¿Me podría aquí sentar?
–Si –le respondo enseguida–.
Aquí también puede estar.

Un ratito en silencio
los dos así estuvimos
pero me ve escribir
y al tiempo ambos dijimos.

–¡Qué bonito está el campo
–Nos echamos a reír
ante esa coincidencia
que nos pareció feliz.

–¡Qué de flores han salido!
–Eso estaba contemplando.
–¿Y que escribe en su cuaderno?
–Él me miró preguntando.

–Lo mismo que le decía
admiraba a las flores
y con ellas componía
versos...

–¿Es poeta? –preguntó.
–Al menos trato de serlo
–fue lo que respondí.
–¿Y me dejaría verlo?

Tímidamente entonces
el cuaderno le pasé
miró con curiosidad
me lo devolvió después.

–¿Cómo se hizo poeta?
–muy serio me preguntó–.
Pues lo que acabo de ver
muy lindo me pareció.

–Poeta, lo que es poeta
no sé si yo lo seré
solo trato de escribir
lo que veo –contesté.

–Pero ¿cómo sale en verso?
si contempla una flor
muy difícil me parece
escribirlo creo yo.

Mirando el jardín vi
unas lindas florecillas
y empecé a decir
algunas cosas sencillas.

–Violeta que mirando
a las estrellas estas
¿quién te puso ese color?
¿con el que tan linda vas?.

Y tú linda azucena
¿quién de blanco te ha pintado?
que amarillito el centro
ahí en medio te ha dejado.

Y vosotras margaritas
tantas ¿de dónde salís?
que pintáis todo este campo
como si fuera un tapiz.

Rosita qué sola estas
tus hermanas no han salido
pero qué linda que eres
con ese rojo vestido.

Hierba que cubres el campo
espera el amanecer
el rocío llegará
como te llegó ayer.

Te refrescará un poquito
y así podrás crecer
y ponerte verdecita
y todo embellecer.

Dejé en ese momento
de hablar y escribí
aquello que había dicho
lo anoté todo allí.

–¿Ve como es muy sencillo?
ser poeta es mirar
es contemplar el paisaje
es pararse a disfrutar.

Ser poeta es solo eso
tener tiempo de vivir
de contemplar el entorno
y ponerse a escribir.

Ser poeta es, ir por la vida
con mucha tranquilidad
admirando la belleza
y no dejarla escapar.

Es ponerse a escribir
para captar el momento
ese brillo de la luna
o la caricia del viento.

Esas estrellas brillantes
que la nube ha tapado
se las ve solo un instante
pero tú lo has contemplado.

El rayito mañanero
que te entra a despertar
—¡Espabila —está diciendo—,
que ya hay que trabajar.

Son momentos en la vida
que se pueden capturar
todo puede ser poesía
si se sabe contemplar.

AMOR

22. LA RUEDA DE LA VIDA

¿Dónde vas con tanta prisa?
que no te puedes parar
¿a qué viene esa carrera?
para, para, para ya.

Es la rueda de la vida
que gira y gira y gira más
siempre girando te lleva
de un lugar a otro lugar.

Pero ¿eso te compensa?
¿te has parado a pensar?
¿para qué vivir así?
si no puedes descansar.

La vida pasa de prisa
no se puede remediar
el día a día se fue
sin siquiera disfrutar.

Parecemos una rueda
que girando siempre está
ni el calor, ni el frío importa
de un sitio a otro va.

No nos da tiempo a pensar
¿por qué estamos corriendo?
¿dónde vamos a llegar?
o si estamos durmiendo.

Un día pasa deprisa
y el otro mucho más
y corriendo nuestra vida
llegará a su final.

Párate un momentito
solamente a pensar
si te compensa correr
o quieres ya descansar.

Quizás algo te sorprenda
de todo lo que has vivido
pasaste por los lugares
pero nada has retenido.

No te dio tiempo a sentir
a amar o a ser amado
¿para qué sirve vivir
si nunca te has parado?

En la rueda de la vida
hay que saberse parar
vivirla tranquilamente
y parase a disfrutar.

AMOR

23. AL GUADALQUIVIR

Un día muy tempranito
pensando me encontraba
cerca del Guadalquivir
pues paseando estaba.

Mirando aquellas aguas
que despacio recorrían
la verita de Sevilla
la ciudad que aun dormía.

No querían despertarla
o al menos lo parecía
suavemente se deslizan
y ningún ruido hacían.

El río baña Sevilla
esos días de calor
cuando en agosto el sol brilla
y así se está mejor.

Agua del Guadalquivir
mansamente te deslizas
pasando bajo los puentes
y removiendo la brisa.

Espejo de la ciudad
donde a diario se mira
bonita se encontrará
qué bien allí se respira.

Con tu brisa mañanera
la que soplándola está
agua del Guadalquivir
tu aroma la envolverá.

Sevilla es tu ciudad
desde antaño es conocida
por tenerte a su vera
es así ella querida.

Los calores del estío
tu agua rebajarán
y un paseo al lado del río
muy bien que a todos vendrá.

Y por las noches de luna
esa que está reflejada
se ve como poco a poco
ella se baña en el agua.

En esa agüita fresquita
del río Guadalquivir
el que pasa por Sevilla
y la hace revivir.

Pueblos por ella han pasado
que nunca olvidarán
lo bien que aquí vivían
por eso regresarán.

Es la ciudad la que atrae
con su río tan cercano
esa agua tan serena
en invierno y en verano.

El río Guadalquivir
en la ciudad de Sevilla
un lugar para vivir
tranquilo, de maravilla.

AMOR

24. ¿QUÉ ES EL SOL?

¿Qué es el sol?, un día temprano
cuando estaba él viniendo
me pregunté extrañada
él me contestó corriendo.

–Decís que yo soy un astro
que en el cielo habito
que me muevo sin cesar
que os caliento un poquito.

Al escuchar la respuesta
le miré con atención
–¡No es posible! –pensé–.
Parece que el sol me habló.

–¿Por qué te has extrañado?
si solo te contesté
a lo que has preguntado
de mí, yo te informé.

–Pero es que no es posible
–al sol así le decía–.
¿Cómo tú me vas a hablar?
pues creí que no podías.

–Pero ¿qué me estás diciendo?
hablar yo nunca te hablé
lo que me estas oyendo
solo te lo insinué.

Ahora más confundida
de nuevo al sol miraba
su brillo ya es más cercano
y otra vez le preguntaba.

–¿Pero tú eres el sol?
ese que veo a lo lejos
o me lo imagino yo
cuando veo tus reflejos.

–¿Por qué dudas tantas veces?
si por dentro estas segura
lo que antes escuchaste
fue mi respuesta no hay duda.

Y seguía y seguía
no paraba de avanzar
seguro ya no escuchaba
y no podía contestar.

AMOR

25. LA PACIENCIA

Cosa seria me parece
paseando un poquito
pensando en la respuesta
y mirando a un mosquito.

Por el brazo se pasea
no sé lo que me hará
mira un sitio revolotea
o quizás me picará.

Con paciencia le observo
pero cuánto durará
seguramente un momento
luego no resistirá.

Un manotazo seguro
al mosquito quitará
su paseo tranquilito
y así se marchará.

Poca paciencia he tenido
por eso así he actuado
el mosquito se ha ido
y por fin no me ha picado.

Pues paciencia no he tenido
para ver lo que pasaba
y dejarle allí tranquilo
para ver si me picaba.

Como eso muchas veces
es posible de observar
que no tenemos paciencia
no sabemos esperar.

Y nos ponemos nerviosos
ante cualquier situación
si esperamos el tren
o no llega el avión.

Ejercita la paciencia
eso te ayudará
y los nervios que tenías
de esa forma no tendrás.

Verás que mejor lo pasas
y hasta te reirás
de esos momentos pasados
que ahora no tendrás.

La paciencia es una cosa
siempre buena de tener
para oler una rosa
o una puesta de sol ver.

AMOR

26. MADRUGAR ES BUENO

¡Qué bueno es madrugar
antes de que salga el sol!
el cuerpo ya ha descansado
y te levantas mejor.

Tienes tiempo de pensar
sin ruidos alrededor
y quizás también soñar
esperando a ese sol.

El que poquito a poco
llega por el horizonte
iluminándolo todo
saliendo detrás del monte.

Hasta el agua del mar
parece que se ha enterado
y las olas muy contentas
a saltar han comenzado.

Están llegando a la playa
con su ruido a despertar
a todas las gaviotas
que durmiendo aún están.

Ellas que han escuchado
cómo la ola bramaba
rápido se han despertado
y a volar comenzaban.

Ven a lo lejos el sol
cómo despacio venía
alegres han comenzado
a darle los buenos días.

Riendo las gaviotas
han querido despertar
a todos los habitantes
para ver al sol llegar.

Son cosas que tú te pierdes
si no quieres madrugar
si hoy te levantas tarde
y no ves al sol llegar.

Ese sol que ya calienta
y que tan alto está
cuando tarde te despiertas
y no lo has visto llegar.

Poco a poco se ha acercado
suavemente parecía
que hoy venía diciendo
¡disfruta, es un buen día!

Pero estabas durmiendo
y no le has escuchado
eso te lo estás perdiendo
si tú no has madrugado.

Quizás mañana lo hagas
y te vas a alegrar
cuando todo lo contemples
seguro te va a gustar.

Como el mar así saluda
a ese sol que se acerca
las gaviotas riendo
sobrevolando la arena.

AMOR

27. SE ACERCA EL INVIERNO

Ya se acerca el invierno
el frío ha comenzado
la nieve cubre los campos
el calor se ha acabado.

La gente abrigadita
a la calle ha de salir
así no cogerá frío
si no podría hasta morir.

El invierno ha llegado
no se puede evitar
y aunque el frío no nos guste
nos tendremos que aguantar.

Deseando que el verano
llegue pronto estaremos
y comiendo el turrón
por el sol suspiraremos.

El calor no aguantamos
solo hacemos protestar
ni el invierno ni el verano
nos gustaría estar.

Quizás en la primavera
esa sí es la estación
donde la gente le gusta
vivir sin el sofocón.

Ese que da el verano
cuando calienta el sol
y ni siquiera de noche
ese calor se marchó.

Ni ese frío intenso
que no se puede aguantar
ni estando abrigadito
nos dejará descansar.

La primavera nos gusta
ella es la más querida
ni frío ni calor hace
por eso es preferida.

Pero ahora es el invierno
el que se está acercando
sacaremos los abrigos
y viviremos temblando.

AMOR

28. EL AÑO YA COMENZÓ

Las campanas han sonado
ya las doce están dando
el viejo año se acaba
el nuevo está comenzando.

Año nuevo de esperanza
acaba de comenzar
con sus días por delante
y sueños por realizar.

Los días pasan volando
seguro has comprobado
y cómo voló el tiempo
del año que ha acabado.

Sin darte cuenta siquiera
ha llegado al final
y los proyectos que hiciste
no has podido realizar.

Los planeaste un día
cuando el año comenzaba
los dejaste poco a poco
y el tiempo se pasaba.

Haré esto y lo otro
se fue el tiempo, se voló
y todo lo planeado
parece que se olvidó.

Ya tienes la experiencia
y sabes qué va a pasar
ahora el nuevo año
te da la oportunidad.

Haz planes, eso está bien
pero los has de cumplir
pues si no te pasará
como el que se acaba de ir.

¿Dónde están aquellos sueños?
¿y aquellas ilusiones?
¿dónde se fueron los días?
¿cómo fueron tus acciones?

La vida pasa deprisa
como el año que pasó
si no lo tomas en serio
todo se te evaporó.

Y al final de la jornada
cuando quieras recordar
en que has gastado el tiempo
en nada, quizás dirás.

Por eso ahora mismo
que el año ha comenzado
hazte propuestas en serio
ya sabes lo que ha pasado.

Y día a día trabaja
y pon toda la ilusión
en aquello que desees
y serás el campeón.

Y cuando el año termine
y recuerdes el pasado
verás que todo cumpliste
eso será de tu agrado.

Las campanas al sonar
volverán a avisarte
que de nuevo al comenzar
más tiempo vienen a darte.

Y así se pasa la vida
el año nuevo ha llegado
trata de ser muy feliz
y hacérselo a los de tu lado.

Las campanas han sonado
pues te quieren avisar
que tienes un año más
con tiempo para aprovechar.

AMOR

29. FORMAS DE TRABAJAR

Diversas formas conozco
de vivir y trabajar
¿cuál de ellas es mejor?
nadie me sabe explicar.

¿Qué es el trabajo? pregunto
ahora en la madrugada
¿por qué es necesario hacerle?
si a nadie le gusta nada.

A la salida del sol
se comienza a trabajar
luego dura todo el día
no se puede descansar.

Tendrá el trabajo que ver
con ese brillo del sol
influencia puede ser
al menos lo pienso yo.

El campo se ha despertado
cuando el rayo le dio
el trabajo ha comenzado
la luz así ayudó.

Que hay trabajos nocturno
es cierto que se va a hacer
algunos lo han querido
aunque no se pueda ver.

El trabajo a diario
todos tenemos que hacer
de esa forma comemos
o eso nos hacen ver.

Trabaja, siempre trabaja
se suele así escuchar
si no trabajas no comes
y te tienes que esforzar.

Hay trabajos en la vida
más fáciles de realizar
sentados en un sillón
algunos pueden estar.

Escribiendo tranquilitos
inventando mil historias
o con versos sencillitos
de paisajes y memorias.

Son trabajos que parece
que se pueden realizar
sin esfuerzo pero a veces
no es fácil de lograr.

Con tranquilidad consigues
que la musa aparezca
y te dicte esos versos
que escribes con las teclas.

¿Qué es la musa? han preguntado
los que luego han leído
los versos que le han gustado
que en sus manos han caído.

Se llama inspiración
la que hay que tener
para escribir así
lo que les gusta leer.

Todos podemos tenerla
solo lo hay que intentar
sentarse al ordenador
y ponerse a trabajar.

Un verso detrás de otro
posiblemente saldrá
escríbelos con cuidado
seguro te gustará.

Tú musa te ha dictado
pon un poco de atención
es así como ha hablado
lee tú ese renglón.

Quizás te dé un mensaje
que te pueda ayudar
a solucionar aquello
que te oprime sin parar.

AMOR

30. LA TARTA

Un día vi una tarta
colocada allí estaba
alguien con mucho cuidado
esa tarta elaboraba.

De flores estaba llena
antes nunca había visto
un detalle como aquel
era de alguien muy listo.

Siempre todo lo copiamos
no hay nada original
pero cuando alguien piensa
diferente se verá.

El que hizo aquella tarta
primero estoy seguro
de que diseñó aquello
y quizás le fue muy duro.

Porque cuesta eso es cierto
pensar algo diferente
lo fácil y lo sencillo
es copiarle a otra gente.

Aquella tarta florida
mucho le debió costar
pero qué bella que era
no dejaba de mirar.

Alguien salió desde dentro
de aquella pastelería
y se me acercó un momento
y una pregunta me hacía.

–¿Le gusta? –Asombrado le miré
la verdad no me esperaba
pero "Sí", le contesté
y me invitó a que entrara.

En silencio le seguí
no sabía qué pasaba
él cogiendo un cuchillo
rápido algo cortaba.

Era una rosa azulita
que en un plato me ofrecía
es lo que había cortado
de una tarta que allí había.

–¿Se come? –le pregunté.
–¡Claro! –él me respondía–
¿Qué le parece? –me dijo.
–¡Preciosa! –yo le decía.

–Es una pena comerla
–bajito le estoy diciendo.
–Es que quiero que la pruebe
–él me estaba respondiendo.

Con muchísimo cuidado
poco a poco me comí
aquella linda rosita
y las gracias yo le di.

–¿Le ha gustado? –me dijo.
–Sí –bajito respondí–.
Pero me ha dado pena
muy bonita yo la vi.

—La creé para comerse
mucho tiempo he trabajado
pero por fin me ha salido
y veo que le ha gustado.

Me había convencido
y la tarta me llevé
pero no me la he comido
solo así la salvé.

Las rosas que ella tenía
con cuidado las quité
todas las he conservado
no me las pude comer.

Un trabajo como ese
no se debe despreciar
un artista lo había hecho
y hay que saberlo apreciar.

AMOR

31. EL CUMPLEAÑOS

Un día existe al año
distinto de los demás
el día del cumpleaños
que es difícil de pasar.

Cuando aún se es pequeño
se espera con ilusión
a recibir los regalos
la muñeca o el balón.

Pero el tiempo es implacable
y no se va a detener
y antes de que te des cuenta
otro más vas a tener.

¿Pero cómo ha pasado?
si parece que fue ayer
otra vez el cumpleaños
otro año que se fue.

El reloj sigue girando
cuántas vueltas habrá dado
desde el día en que naciste
la cuenta has olvidado.

Los veinte ya se pasaron
recuerdas cuando esperabas
que llegara esa fecha
y qué rápido pasaba.

También fueron los cuarenta
los que un día llegaron
y los sesenta volando
parece que se marcharon.

Los setenta en la esquina
te estaban esperando
y sin siquiera notarlo
se acabaron pasando.

Los próximos que te faltan
seguro que llegarán
y antes de que te enteres
volando se pasarán.

Día de tu cumpleaños
qué pronto has transcurrido
como pasaron los años
qué rápido todo ha sido.

No es un día como otros
es difícil de olvidar
antiguamente esperado
pero tan temido ya.

Día de fiesta y jolgorio
con la familia reunida
con la tarta y los regalos
y la ilusión encendida.

¿Dónde quedó todo eso?
es el tiempo que ha pasado
ahora solo hay silencio
y nadie a nuestro lado.

La familia, los amigos
atrás se fueron quedando
aquellas fiestas felices
ya no se esperan tanto.

Y también en el olvido
la esperanza ha quedado
no hay muñeca ni balón
nadie te ha regalado.

El entorno que tenías
poco a poco ha cambiado
ese día reunías
a los que ya se han marchado.

Día de tú cumpleaños
ya nada será igual
solo mira el almanaque
en él ves la realidad.

Ha llegado otra vez
ese día ahora temido
y viene a tu recuerdo
cuando era muy querido.

Otro año ha pasado
implacable pasa el tiempo
aunque no lo has deseado
ha llegado el momento.

Y que cumplas muchos más
alguien te está diciendo
con lo difícil que es
y casi sales corriendo.

Borrar el día quisieras
y así no cumplir más
que los años no pasaran
y quedarte como estas.

AMOR

32. EL SUEÑO

Un sueño tuve un día
que aquí te voy a contar
si quieres sigue leyendo
y te vas a enterar.

Soñé que buscaba un sitio
tranquilo para escribir
un lugar algo desierto
donde me pudiera ir.

Una isla o algo así
era en lo que soñaba
y ahora estoy aquí
ese lugar encontraba.

Un día en avión
hasta Malta iba volando
mirando por la ventanilla
entretenida pensando.

¿Qué habrá en ese sitio?
y nerviosa me encontraba
no sabía si podría
escribir y preguntaba.

¿La gente cómo hablará?
¿cómo me voy a entender?
¿y wifi allí habrá?
¿y la tele podré ver?

Preguntas y más preguntas
solo se me ocurrían
cuando de pronto escuché
que el avión descendía.

Corto se hizo el viaje
y de pronto me encontré
mirando aquel paisaje
una isla divisé.

Agua por todos los lados
desde el aire había visto
pero he aterrizado
y todo es muy distinto.

Carretera interminable
hasta llegar al hotel
es lo que he recorrido
y campo solo se ve.

El mar por ninguna parte
ahora no lo veía
¿dónde estará? me pregunto
y por el campo seguía.

Kilómetros no sé cuántos
hay hasta que llegué
a la puerta del hotel
y el mar no encontré.

Menos mal que en el balcón
las cortinas recorrí
y frente por frente el mar
en su inmensidad le vi.

Calmado estaba hoy
maravilloso el paisaje
¿pero y si hay tormenta?
y deshice el equipaje.

Ahora estoy escribiendo
sentada en el balcón
frente a ese mar viendo
como el sueño se cumplió.

En una isla estoy
aquí tranquila me encuentro
y dando paseos voy
cuando el sol se está poniendo.

Quizás no termine el libro
aunque lo intentaré
seguro que el paisaje
en sus hojas contaré.

Esa agua trasparente
que te invita a nadar
en esas playas vacías
si te gusta madrugar.

Ese olor a salitre
que viene de ese mar
que te dice que le mires
y te invita a soñar.

Y a la puesta del sol
allá en la lejanía
recordarás esa tierra
donde un día vivías.

Y quizás solo quizás
te entre melancolía
y decidas regresar
a recuperar tu vida.

Pero el tiempo ya no vuelve
el pasado ya no está
sigue feliz en la isla
donde se respira paz.

AMOR

33. MIRANDO A LA LUNA

Dicen que la luna azul
esta noche se verá
la gente la está mirando
pero enseguida dirá.

¡Azul!, ¿pero quién lo ha dicho?
brillando arriba está
pero del mismo color
que ayer hoy se verá.

¿Pero quién nos cuenta eso?
azul, o roja la luna
quizás es que no la mire
porque luna solo hay una.

"Pero mira que ellos saben
y lo habrán estudiado"
se escucha allí decir
a todos por esos lados.

Pues que salga al balcón
o desde la calle mire
la luna sigue igual
nada le impide que brille.

Del mismo color que siempre
en el cielo se está viendo
ni roja, ni azul, la luna
solo se la ve luciendo.

Mírala con atención
la luna está brillando
allí colgada en el cielo
la oscuridad iluminando.

AMOR

34. JUGANDO CON LA NIEVE

Hoy amaneció distinto
todo blanquito estaba
una nevada ha caído
hace tiempo no nevaba.

El pueblo de la montaña
hoy podrá disfrutar
una nevada muy grande
extraña en el lugar.

Así dicen los ancianos
que nunca había caído
una nevada así
nadie había conocido.

Extrañados los vecinos
han salido a jugar
haciendo bolas de nieve
que se ponen a arrojar.

Unos a otros tirando
la nieve con precisión
es un juego que les gusta
a los chicos y al mayor.

Porque nunca en este pueblo
antes nieve había caído
pero algo ha pasado
que así ha amanecido.

Blanquito, todo blanquito
blanquito por todos lados
blanquito todo en el pueblo
es como hoy lo han encontrado.

Los árboles todos blancos
la nieve los ha cubierto
y también blanco los campos
y los jardines y el huerto.

Nieve hay por todas partes
blanco está todo el lugar
fotos hacen los vecinos
para poder recordar.

Una nieve que cayó
extrañó en el lugar
pues nunca había nevado
quizás no vuelva a pasar.

Dicen que ha habido un cambio
que nadie sabe explicar
el clima está cambiando
la Tierra se va a calentar.

Pero es que ha nevado
dicen por aquel lugar
y en mayo ya estamos
¿quién lo puede explicar?

Blanquito está el entorno
de la nieve que ha caído
nadie sabe el por qué
pero a jugar se han ido.

Porque hay que aprovechar
antes de que se derrita
y con la nieve jugar
ahora que está blanquita.

AMOR

35. EN EL HIMALAYA

Allí en lo alto estaba
no me lo podía creer
en un sueño me encontraba
realidad no podía ser.

Era en el Himalaya
aquel deseo esperado
después de escalar el monte
a la cima había llegado.

La Tierra parece chica
cuando miras desde allí
a los pies se la ve toda
más no se puede subir.

Casi, casi el cielo tocas
no te lo puedes creer
un sueño has realizado
ese que tuviste ayer.

Una noche en tu cama
te atreviste a soñar
en escalar la montaña
te tuviste que entrenar.

Mucho trabajo ha costado
no tenías preparación
pero a base de esfuerzo
hoy el sueño se cumplió.

Amigos por el camino
muchos allí han quedado
quizás no era su destino
y por eso no han llegado.

El esfuerzo en la vida
hay siempre que realizar
para conseguir un sueño
pero es bueno soñar.

Si no lo hubieras soñado
seguro que aquí no estabas
conseguirlo ha sido duro
pero por fin lo lograbas.

En lo más alto del monte
casi tocando el cielo
con esfuerzo y trabajo
has conseguido el anhelo.

"El techo" así le llaman
más no se puede subir
mañana desde tu cama
pensarás, ¿estuve allí?

AMOR

36. CARNAVAL

Todos están diferentes
de cómo iban ayer
no visten así a diario
distintos los puedes ver.

Vestidos de animales
o de cosas monstruosas
no quieren ir iguales
aunque sean ingeniosas.

Unos disfraces muy raros
por las calles van pasando
todos se han disfrazado
ahora están paseando.

"Es carnaval", van gritando
todos lo han escuchado
y por eso todos ellos
de algo se han disfrazado.

No sé por qué eso hacen
ni qué quieren conseguir
pero es una costumbre
que dicen que hay aquí.

Carnaval dicen que es
pero no me han explicado
a qué viene el disfraz
que todos se han colocado.

Porque unos son bonitos
y agradables de mirar
pero otros ¡qué horror!
¿por qué eso se pondrán?

Disfrazados van los niños
disfrazados los mayores
las mujeres y los hombres
las señoras y señores.

Todos siguen la costumbre
de ponerse un disfraz
y salir así a la calle
a moverse, a bailar.

¿Cuándo empezó esa moda?
nadie sabe responder
pero lo que es ahora
todos se la van a poner.

AMOR

37. ABURRIDA

Una mañana lluviosa
aburrida me encontraba
no sabía qué hacer
no se me ocurría nada.

De pronto tuve una idea
abrí el ordenador
y los dedos en las teclas
puse allí sin intención.

No me venían las palabras
no sabía qué hacer
solo miraba el teclado
algo tendría que poner.

Tecleando muy deprisa
los dedos allí volaban
y palabras sin sentido
parece que se quedaban.

Una hora o quizás más
estuve allí sentada
no sabía qué pensar
pues ni tiempo de eso daba.

Sonó un timbre, ¡qué susto!
estaba tan absorbida
que ni cuenta me había dado
que me olvidé la comida.

Miré un poco asombrada
no sabía qué pensar
aquel escrito miraba
le tendría que repasar.

Tan rápido lo había hecho
que muchas faltas tenía
palabras había juntas
no sabía qué ponía.

Nunca me había pasado
ni se ha vuelto a repetir
todo aquello lo he guardado
lo que escribí allí.

Era una linda canción
con estrofas increíbles
no sé de dónde salió
cuando ellas fueron legibles.

Hablaba de primaveras
y de los campos floridos
de paseos por la playa
de muchos sueños cumplidos.

AMOR

38. LOS HUESOS

En el cuerpo los tenemos
nuestro esqueleto formando
importancia no les damos
y el tiempo van pasando.

Cuando somos pequeñines
poco a poco van creciendo
un día con los patines
puede que acabes rompiendo.

Son los huesos que permiten
andar, correr, y saltar
pero no te los descuides
porque podrían fallar.

Sujetan todo el cuerpo
no precisan atención
pero si no los cuidamos
nos dolerán un montón.

Un día en un descuido
quizás te puedas caer
y veas la poca importancia
que les dabas hasta ayer.

Hoy te sientes tan inútil
solo porque te han fallado
esos huesos de las piernas
que andar no te han dejado.

O quizás esa muñeca
que al caerte te has partido
y como es la derecha
ni comer tú has podido.

Son los huesos, nuestros huesos
los que hay que vigilar
cuidarlos, es un consejo
que aquí os quiero dar.

Porque nunca apreciamos
cuando todo nos va bien
que es gracias a los huesos
que se puede estar de pie.

Y corremos, y jugamos
y no queremos cuidar
esos huesos que tenemos
no nos vayan a fallar.

AMOR

39. POR PRIMERA VEZ

Bajando del avión
acababas de llegar
todo parece distinto
eres nuevo en la ciudad.

Era la primera vez
que esta tierra habías pisado
qué raro todo resulta
por eso te ha extrañado.

París te ha resultado
una gran desconocida
está todo hoy oscuro
no parece tener vida.

Ha llovido intensamente
agua hay por todos lados
ha rebasado los puentes
las calles se han inundado.

El Sena se ha llenado
no creo que pueda más
hasta los puentes arrastra
así se ve la ciudad.

Esa ciudad de la luz
que les gusta pregonar
a todos los parisinos
ahora qué distinta está.

Es de noche está oscuro
hoy no luce la ciudad
todo parece muy duro
el río la inundará.

Nunca antes ha pasado
y quizás no pasará
que el Sena la inunde
y esté fea la ciudad.

Esta ciudad tan querida
"Del AMOR" la han llamado

con la luz que siempre brilla
pero que hoy se ha apagado.

La lluvia, ha sido la lluvia
la que así la ha dejado
inundada la ciudad
pues el Sena se ha llenado.

AMOR

40. EL FINAL

Todo lo que se comienza
un día tiene un final
estos versos que aquí tienes
siguen esa realidad.

Cuánto tiempo entre los dedos
mientras ellos se escribían
pensamientos verdaderos
que poco a poco salían.

Momentos aquí pasados
que quizás te gustarán
de lo que he compartido
que un día leerás.

No te conozco aún
ni se dónde estarás
si cerca o lejos de mi
pero tú los leerás.

El tiempo pasa deprisa
pero ellos seguirán
como salieron de aquí
quizás lejos llegarán.

¿Dónde estoy?, eso no importa
el día, no lo diré
el tiempo o la distancia
¡qué más da!, eso lo sé.

Solo diré una cosa
que un día los empecé
y después de mucho tiempo
aquí los terminaré.

Espero sean de tu agrado
quizás en otra ocasión
leas algo más de mí
esa es mi intención.

Porque seguiré escribiendo
pues tengo más que contar
y si tú lo estás leyendo
quizás te pueda gustar.

Desde aquí te doy las gracias
por el tiempo que has pasado
desgranando estos versos
que con AMOR he narrado.

AMOR